Jutta Schütz

wurde in Lebach (Saarland) geboren.

Mit ihrem ersten Bestseller "Plötzlich Diabetes" (2008) gilt die Autorin bei Kritikern als Querdenkerin. 2010 startete sie mit ihren Gesundheitsbüchern ihr Pilotprojekt in Bruchsal und später bei der VHS in Wolfsburg. Schütz schreibt Bücher, die anspornen, motivieren und spezielles Insiderwissen liefern. Sie hat bis heute viele Bücher geschrieben und an vielen anderen Büchern mitgewirkt. Zudem hilft sie als Mentorin und Coach vielen Neuautoren bei der Veröffentlichung ihrer Bücher.

Als Journalistin schreibt sie für viele Verlage und Zeitungen. Ihre Themen sind: Gesundheit, Psychologie, Kunst, Literatur, Musik, Film, Bühne, Entertainment. Weitere Informationen zur Autorin und ihren Büchern findet man in den Verlagen, auf ihrer Webseite sowie im Kultur-Netzwerk.

Mehr Infos finden Sie auf der Webseite:

www.jutta-schuetz-autorin.de

www.die-gruppe-48.net/Funktionstraeger

INHALTSVERZEICHNIS

INHALTSVERZEICHNIS

© **2019 Autor: Jutta Schütz**
© 2019 Buchsatz, Layout, Buchgestaltung
© 2019 Buchidee: Jutta Schütz
www.jutta-schuetz-autorin.de

© **2019Herstellung und Verlag:**
BoD – Books on Demand, Norderstedt.
ISBN: 9783749409402

Bibliografische Information der Deutschen Nationalbibliothek: Die Deutsche Nationalbibliothek verzeichnet diese Publikation in der Deutschen Nationalbibliografie; detaillierte bibliografische Daten sind im Internet über http://dnb.d-nb.de abrufbar.

Jutta Schütz

Magenfreundliches LOW CARB

Rezepte für Berufstätige

Einleitung

Viele verschiedene Magenprobleme sowie auch Verdauungsprobleme führen zu Sodbrennen, Völlegefühl, Bauchkrämpfe, Blähungen bis hin zu täglichen Durchfällen. Dies kommt oft von einer falschen Ernährungsweise und von zu vielen Kohlenhydraten.

Der kohlenhydratarme Ernährungsstil „Low Carb" hat sich nicht nur in der Verdauungsarbeit sehr gut bewährt, auch ein gestörter Stoffwechsel beim Diabetes Typ 2 wird durch die Stabilisation des Blutzuckerspiegels korrigiert.

Dieses Kochbuch liefert Ihnen leckere und unkomplizierte, kohlenhydratarme (Low Carb) Rezepte, mit denen Sie eine gesunde und ausgewogene Mahlzeit auf den Tisch zaubern.

Damit die Ernährungsumstellung auch im Arbeitsalltag locker funktioniert, ist vor allem wichtig, dass sich die Rezepte gut vorbereiten lassen.

Auch wer unter Magenprobleme leidet, muss nicht auf leckeres Essen verzichten.

Dies ist das 4. Low Carb Buch in der Reihe für Berufstätige.

Backrezepte

Mandel-Fladen

❖ Zutaten:

5 Eier

180 g gemahlene Mandeln

180 ml Milch

3 EL frische Kräuter (oder getrocknete Kräuter)

100 g Kräuter-Frischkäse

1 TL Salz

2 TL Johannisbrotkernmehl (pflanzliches Bindemittel)

2 EL Rapsöl

❖ Zubereitung:

Alle Zutaten (ohne das Rapsöl) in eine Schüssel geben und gut miteinander mischen. Öl in einer Pfanne erhitzen und nacheinander 6 kleine Fladen backen.

Low Carb Körnerbrot

Menge: Ergibt 10 Brote à 400 g / Pro Brot 8 - 10 Scheiben

Pro 1 Scheibe = 12 Kohlenhydrate

❖ Zutaten:

500 g Sesamkörner

500 g Leinsamen

200 g Sonnenblumenkerne

600 g gem. Mandeln

700 g Eiweißpulver

6 Päckchen Trockenhefe

1 gehäufter EL Salz

6 Eier

250 ml Sonnenblumenöl

750 g sehr warmes Wasser

❖ Zubereitung:

Eine sehr große Schüssel nehmen, alle trockenen Zutaten (auch die Trockenhefe) hinein geben und gut durchmischen. Anschließend alle nassen Zutaten hinzu geben und gut durchkneten.

Der Teig bröselt etwas. Auf einer Waage je 400 g abwiegen und zu einer länglichen (Durchmesser: ca. 7 - 8 cm) Rolle formen. Die Rolle ist ca. 13 - 15 cm lang.

Auf ein Backblech (mit Papier auslegen, NICHT einfetten) passen 6 Brote. Backzeit: zirka 45 Minuten bei 180 Grad.

ACHTUNG: Das Brot vor dem Backen zirka 45 Minuten gehen lassen!

Jedes Brot in ca. 8 - 10 Scheiben schneiden und einfrieren (Zwischen jede Scheibe ein kleines Stück Alufolie legen).

Frisch hält sich das Brot zirka 3 - 4 Tage (Im Kühlschrank).

Gefroren nach Bedarf auf den Toaster legen und jede Seite einmal toasten.

Tipp: Bestreichen Sie ein paar Scheiben des Brotes leicht mit Schmand und legen es auf ein Backblech (mit Backpapier). Mit Gewürzen wie: Etwas Salz, Pfeffer, (wenig Paprika und Pizza-Gewürz) würzen und dann mit jungem Gouda im Backofen bei 160 Grad 10 Minuten überbacken. Dazu Salat reichen.

Ingwer Kekse

❖ Zutaten:

2 Eiweiß

2 TL flüssigen Süßstoff

120 g Mandeln, gemahlen

200 g Sonnenblumenkerne

Zirka 1 EL abgeriebene Schale von einer Bio-Zitrone

3 Stücke kandierter klein gehackter Ingwer

❖ Zubereitung:

Eiweiße steif schlagen, den Süßstoff hinzu geben. Mandeln, Sonnenblumenkerne, Zitronenschale und Ingwerstücke unterrühren. Die Keksmasse als kleine Häufchen auf einem mit Backpapier ausgelegtem Backblech setzen.

Im vorgeheizten Backofen bei 160 Grad Umluft für ca. 15 Minuten backen.

Mokka-Frischkäse Kuchen

❖ Zutaten:

200 g Low Carb Kekse

56 g Butter

120 g Zartbitterkuvertüre (ohne Zucker)

5 EL Mokka-Kaffee mit 2 TL flüssigen Süßstoff

4 Eier

Zirka 100 g Süßstoffpulver

600 g Doppelrahm-Frischkäse

1 Päckchen Schokoladen-Puddingpulver

2 EL Kakaopulver (ohne Zucker)

❖ Zubereitung:

Low Carb Kekse klein hacken. Butter schmelzen und mit den Kekskrümeln mischen. Eine Springform (26 cm Ø) einfetten und die Kecks-Buttermischung darin verteilen und andrücken. Im vorgeheizten Backofen, bei 160° Grad Umluft für ca. 10 Minuten backen. Kuvertüre im Wasserbad schmelzen. Mokkakaffee zugießen und gut rühren.

Eier, Kaffee und Süßstoff miteinander mischen. Kuvertüre-Mischung langsam zugeben und unterrühren. Frischkäse, Puddingpulver und Kakao unterrühren und auf dem Kecksboden verteilen.

Im Backofen bei 160 Grad Umluft für ca. 40 Minuten backen.

Himbeeren-Käsekuchen

❖   Zutaten:

400 g gefrorene Himbeeren

750 Quark (40%)

6 Eier

4 EL Süßstoffpulver

2 Päckchen Vanille-Puddingpulver

❖   Zubereitung:

Beeren auftauen lassen, dann die Beeren abtropfen lassen. Quark mit Eiern und Süßstoff vermischen, danach Puddingpulver unterrühren. Die Hälfte vom Teig in eine mit Backpapier ausgelegte Springform (24 cm Ø) füllen. Die Beeren auf den Teig verteilen, restlichen Teig darauf geben und glatt streichen.

Im Backofen bei 160 Grad Umluft für ca. 50 Minuten backen.

Haselnusskuchen

❖ Zutaten:

3 Eier

200 g Sonnenblumenöl

4 EL Süßstoffpulver

100 g Quark (40%)

100 g Kokosflocken

10 g Kakaopulver (ohne Zucker)

1 Tasse Kaffee

400 g Haselnüsse, gemahlen

1 Päckchen Backpulver

2 TL Lebkuchen Gewürz, gemahlen

1 TL Nelken, gemahlen

2 TL Zimt, gemahlen

❖ Zubereitung:

Eier, Öl und Süßstoff in eine Schüssel geben und mit einem Mixer gut verquirlen. Alle anderen Zutaten dazu geben und vermengen. Den Teig in eine gefettete Kuchenkastenform geben.

Im Backofen und bei 160 Grad Umluft für 55 Minuten backen.

Müsliriegel

❖ Zutaten:

40 g Rosinen

40 g getrocknete Apfelringe

2 EL Butter

2 EL Süßstoffpulver

2 EL Honig

1 EL abgeriebene Bio-Orangenschale

1 EL Bio-Orangensaft

100 g Haferflocken

50 g Kokosraspel

5 EL Haselnüsse, gehackt

1 EL Pistazienkerne

1 EL Sesamsaat, hell

❖ Zubereitung:

Rosinen grob hacken. Apfelringen in kleine Stücke schneiden. Butter, Süßstoff und Honig ein einem Topf geben und erhitzen, bis die Butter schäumt und der Zucker sich auflöst. Orangenabrieb und Saft, Haferflocken, Kokosraspel, Haselnüsse, Rosinen und Apfelstückchen in den Topf geben und alles gut miteinander vermischen. Müslimasse mit einem feuchten Gummischaber auf ein mit Backpapier ausgelegtes Backblech streichen. Mit Pistazien und Sesamsaat bestreuen.

Im vorgeheizten Backofen bei 160 Grad Umluft für ca. 25 Minuten backen. Auskühlen lassen, danach in zirka 15 Riegel schneiden.

Rum-Waffeln

❖ Zutaten:

100 g Butter

120 g Quark (40%)

150 g Eiweißpulver, Vanillegeschmack

4 Eier

3 - 4 Tropfen Rum-Aroma

Sonnenblumenöl für das Waffeleisen

2 EL Birkenzucker (Xylit)

❖ Zubereitung:

Butter in der Mikrowelle oder in einem Kochtopf schmelzen, danach mit Quark, Eiweißpulver, Eier, Rum-Aroma und Birkenzucker verquirlen.

Portionsweise in einem Waffeleisen backen.

Low Carb Gerichte

Hähnchenbrustfilet mit Frischkäse

❖ Zutaten:

400 g Hähnchenbrustfilet

4 EL Sonnenblumenöl

1 TL Salz, 3 Prisen Pfeffer

2 mittelgroße Zucchini

1 Paprikaschote

130 ml Sahne

150 g Frischkäse, natur

2 EL Kräuter, tiefgefroren

200 g Gouda, gerieben

❖ Zubereitung:

Das Hähnchenbrustfilet waschen, trocken tupfen und in Streifen schneiden. Öl in einer großen Pfanne erhitzen, Hähnchenstreifen darin kräftig anbraten, danach aus der Pfanne nehmen und mit Salz und Pfeffer würzen. Die angebratenen Hähnchenstreifen in einer mit Backpapier ausgelegten Auflaufform legen. Zucchini vom Stielansatz befreien, waschen und würfeln. Zucchiniwürfel im Bratensatz anbraten, danach auf die Fleischstreifen verteilen. Paprika entstielen, entkernen, waschen und fein würfeln, mit Sahne, Frischkäse, Salz, Pfeffer und Kräutern vermengen und über die Fleischstreifen verteilen.

Mit geriebenem Käse bestreuen, bei 180 Grad Umluft für zirka 30 Minuten backen.

Hähnchenbrustfilet mit Tomaten

❖ Zutaten:

700 g Hähnchenbrustfilet

2 EL Sonnenblumenöl

2 Zwiebeln

2 Paprikaschoten

200 g passierte Tomaten

120 g Sahne

Salz, Pfeffer und Chilipulver

150 g Gouda, gerieben

❖ Zubereitung:

Hähnchenbrustfilet waschen, trocken tupfen, in Stücke schneiden und in einer großen Pfanne mit Öl anbraten. Zwiebeln schälen, würfeln und zum Hähnchenfleisch geben und mit braten.

Paprika entstielen, entkernen, waschen, stückeln und ebenfalls zum Hähnchenfleisch zufügen und bissfest schmorren. Passierte Tomaten, saure Sahne mit den Gewürzen vermengen.

Das Geschmorrte in eine mit Backpapier ausgelegten Auflaufform geben und mit der gewürzten Tomatensoße gleichmäßig übergießen.

Zum Schluss den geriebenen Käse über den Auflauf streuen und bei 160 Grad Umluft für ca. 30 Min. backen.

Hackfleisch Auflauf

❖ Zutaten:

2 EL Sonnenblumenöl

500 g Rinderhackfleisch

2 kleine Aubergine

300 g Zucchini

1 rote Paprikaschote

2 EL Giros Gewürz

Salz und Pfeffer

250 g Schafskäse

3 EL Olivenöl

❖ Zubereitung:

Öl in einer Pfanne erhitzen und Hackfleisch darin krümelig braten. Aubergine, Zucchini und Paprika entstielen, waschen, würfeln, zum Hackfleisch geben und mit Giros Gewürz, Salz und Pfeffer würzen. Alles für circa 10 schmoren lassen. Danach in eine Auflaufform geben, mit zerbröckeltem Schafskäse bestreuen und mit etwas Olivenöl beträufeln.

Bei 180 Grad Umluft für zirka 40 Minuten backen.

Hähnchenbrustfilet mit Auberginen

❖ Zutaten:

2 große Fleischtomaten

2 Auberginen

600 g Hähnchenbrustfilet

8 EL Olivenöl

Salz und Pfeffer

Etwas Knoblauchpulver und italienische Kräuter, trocken

250 g Mozzarella

❖ Zubereitung:

Tomaten, Auberginen entstielen, waschen und in Scheiben schneiden. Hähnchenbrustfilet in kleine Stücke schneiden. Gemüse und Hähnchenstücke in eine mit Backpapier ausgelegte Auflaufform schichten. Gewürze mit Öl vermischen und über die Schichtmasse gießen. Mozzarella in Scheiben schneiden und auf den Auflauf verteilen.

Im Backofen bei 170° Grad Umluft für ca. 40 Minuten backen.

Mais-Paprika-Pfanne

❖ Zutaten:

1 rote Paprikaschoten

1 grüne Paprikaschote

1 gelbe Paprikaschote

1 kleine Dose Mais

200 g Frischkäse

2 EL Rapsöl

Salz, Pfeffer

❖ Zubereitung:

Flüssigkeit aus der Maisdose entfernen, Paprikaschoten entstielen, entkernen, waschen, in sehr kleine Stücke schneiden und in einer Pfanne mit Öl bissfest braten. Mais hinzu geben. Frischkäse, Pfeffer und Salz unterrühren.

Putenschnitzel mit Möhren

❖ Zutaten:

600 g Möhren

100 g Butter

200 ml Sahne

2 Putenschnitzel (à ca. 160 g Gramm)

Salz und Pfeffer

1 Ei

100 g Mandeln, gemahlen

Rapsöl zum Braten

1 Prise Birkenzucker (Xylit)

❖ Zubereitung:

Möhren putzen, schälen, waschen und würfeln. Butter in einem Topf schmelzen, Möhrenwürfel zugeben, zugedeckt bei kleiner Hitze für zirka 15 Minuten dünsten, gelegentlich umrühren. Evtl. etwas Wasser zugeben, um ein Anbrennen zu vermeiden. Währenddessen Schnitzel waschen und trocken tupfen. Mit Salz und Pfeffer würzen. Zuerst im verrühren Ei, dann in Mandeln wenden. Öl in einer Pfanne erhitzen und die Schnitzel darin braten. Sind die Möhren gar, mit Sahne aufgießen, alles pürieren und mit Birkenzucker und Salz abschmecken. Schnitzel mit Möhrenpüree anrichten.

Hähnchenfilet-Geschnetzeltes

❖ Zutaten:

500 g Hähnchenfilet

3 EL Rapsöl

1 EL Currypulver (englisch style)

400 g China Gemüse (TK-Ware)

200 ml Kokosmilch

Salz und Pfeffer

2 EL Zitronensaft

❖ Zubereitung:

Hähnchenfilet waschen, trocken tupfen und in Streifen schneiden. Öl in einer großen Pfanne oder Wok erhitzen und die Hähnchenfilet-Streifen darin scharf rundherum braten. Currypulver, untermischen, kurz mit braten. Gemüse dazugeben, unterrühren, bissfest mitbraten lassen und mit Kokosmilch ablöschen. Mit Zitronensaft, Salz und Pfeffer abschmecken.

Spargel-Omelett mit Dip

❖ Zutaten:

6 Radieschen

½ Bund Schnittlauch

100 g Magerquark

3 EL Schlagsahne

250 g grünen Spargel

2 EL Rapsöl

1 Knoblauchzehe

4 Eier

4 EL Milch

1 EL Parmesan

Salz und Pfeffer

❖ Dip-Zubereitung:

Radieschen putzen, waschen und würfeln. Schnittlauch waschen, trocken schütteln und in Röllchen schneiden. Magerquark mit Schlagsahne und etwas Mineralwasser cremig rühren. Radieschen und Schnittlauch unterrühren, mit Salz und Pfeffer würzen.

❖ Spargel-Omelett-Zubereitung:

Beim grünen Spargel nur das untere Drittel abschneiden. Spargel in Stücke schneiden. Öl in einer Pfanne erhitzen, Spargelstücke darin für ca. 6 Minuten braten. Knoblauchzehe schälen, dazu pressen und andünsten. Eier mit Milch, Parmesan, Salz und Pfeffer verrühren, danach in die Pfanne geben und stocken lassen. Dip zum Spargel-Omelett servieren.

Spargel mit gekochtem Schinken

❖ Zutaten:

1200 g weißer Spargel

4 Stiele Schnittlauch

2 Stiele Petersilie

3 Stiele Basilikum

160 g flüssige Butter

2 EL Saft von einer Bio-Zitrone

Salz, Pfeffer

200 g Cherrytomaten

300 g gekochten Schinken (dünne Scheiben)

Backpapier und Küchengarn

❖ Zubereitung:

Spargel schälen und die Enden abschneiden. Kräuter waschen, trocken schütteln und fein hacken. Anschließend mit Butter und Zitronensaft mischen, salzen und pfeffern. Spargelstangen damit einpinseln, in zwei Portionen aufteilen und jede Spargelportion auf ein Bogen Backpapier setzen. Tomaten waschen, halbieren und zum Spargel geben. Backpapier jeweils an den Längsseiten über dem Spargel zusammennehmen und mehrmals kräftig falzen, die seitlichen Endungen fest zusammendrehen und mit Küchengarn zubinden.

Die Spargel-Päckchen auf ein Backblech legen und im vorgeheizten Backofen bei 170 Grad zirka 30 Minuten garen. Päckchen aus dem Ofen nehmen, öffnen und mit Schinken belegen.

Kohlrabi mit Möhren in Currysauce

❖ Zutaten:

2 große Kohlrabi

4 große Möhren

4 EL Butter

3 TL Currypulver

100 ml heiße Gemüsebrühe

Salz, Pfeffer

3 EL Zitronensaft

1 Becher Schmand

❖ Zubereitung:

Kohlrabi und Möhren waschen, schälen, und stifteln. Butter in einem Topf zerlassen, Currypulver einrühren, Gemüsestifte zufügen und vermengen. Zugedeckt bei kleiner Hitze bissfest gar dünsten, dabei gelegentlich umrühren. Mit Brühe ablöschen, salzen und pfeffern. Mit Zitronensaft abschmecken und Schmand unterrühren.

Putenbrustfilet mit Avocado-Gurken-Salat

❖   Zutaten:

500 g Putenbrustfilet

1 Avocado

1 kleine Salatgurke

1 EL Apfel-Essig

Salz und Pfeffer

2 EL Zitronensaft

1 TL Honig, flüssig

2 TL Sesamsaat

4 EL Raps- oder Sonnenblumenöl

4 Holz- oder Metallspieße

1 - 2 Prisen Chili

❖   Zubereitung:

Avocado waschen, Kern entfernen, in dünne Spalten schneiden. Salatgurke gründlich waschen und mit Schale in Scheiben schneiden. Auf zwei flache Teller vermischt anrichten.

Dressing Zubereitung: Essig, Salz, Pfeffer, Limettensaft, Honig, Sesamsaat und 2 EL Öl vermengen, damit die Avocado und Salatgurke beträufeln. Putenbrustfilet waschen und trocken tupfen, in Streifen schneiden und auf die Spieße stecken. Restliches Öl in einer Pfanne erhitzen, Spieße darin rundherum knusprig braten, mit Salz und Chili würzen. Spieße auf dem Salat anrichten.

Hähnchenbrustfilet im Cashewmantel

❖ Zutaten:

500 g Hähnchenbrustfilet

150 g Cashewkerne

2 Eiweiß

Olivenöl zum Braten

Salz, Pfeffer

1 Msp. Zimt

❖ Zubereitung:

Hähnchenbrustfilet waschen, trocken tupfen, in Stücke schneiden und mit Salz, Pfeffer und Zimt würzen. Cashewnüsse fein hacken und in eine Schüssel geben. Eiweiß in einem tiefen Teller verquirlen. Hähnchenstücke durch das Eiweiß ziehen und in den Cashewkerne rundherum wenden.

Öl in einer Pfanne erhitzen, die Hähnchenstücke portionsweise bei mittlerer Hitze darin goldgelb braten, dabei vorsichtig wenden.

Möhren im Schinkenmantel

❖ Zutaten:

1 kg dünne bis mittlere Möhren

4 EL Olivenöl

Salz, etwas Süßstoff (Streusüße)

3 Knoblauchzehen

1 Zitrone

400 g Schinken (dünne Scheiben)

200 g Frischkäse

Etwas Milch, Pfeffer

❖ Zubereitung:

Möhren putzen, schälen und waschen. Öl in einer großen Pfanne erhitzen und Möhren darin andünsten. Mit Salz und Süßstoff würzen. Zugedeckt für ca. 10 Minuten garen.

Währenddessen Knoblauch schälen und in sehr dünne Scheiben schneiden. Zitrone heiß abwaschen, trocken tupfen, die Schale abreiben. 2 Minuten vor Ende der Garzeit, den Knoblauch zu den Möhren geben. Zitronenrieb über die Möhren streuen und abkühlen lassen.

Schinkenscheiben nebeneinander legen. Frischkäse mit etwas Milch glattrühren und auf die Schinkenscheiben streichen. Jeweils eine Möhre auf eine Scheibe Schinken legen und einwickeln. Mit Pfeffer würzen.

Champignons-Pfanne

❖ Zutaten:

1 kg frische Champignons

2 kleine Zwiebeln

3 Knoblauchzehen

5 EL frische Kräuter

2 EL Zitronensaft

2 EL Rapsöl

250 g Frischkäse, natur

Salz und Pfeffer

❖ Zubereitung:

Pilzen putzen, abbürsten und vierteln. Zwiebeln und Knoblauch schälen und fein würfeln.

Öl in einer Pfanne erhitzen, Pilze anbraten, Zwiebel und Knoblauch zufügen und mitbraten.

Frischkäse und Kräuter unterrühren, Frischkäse schmelzen lassen. Mit Zitronensaft, Salz und Pfeffer abschmecken.

Putengulasch

❖ Zutaten:

600 g Putengulasch

4 EL Rapsöl

2 Gemüsezwiebeln

1 Knoblauchzehe

2 EL Tomatenmark

Salz, Pfeffer

2 TL Paprikapulver, edelsüß

2 TL Currypulver

250 ml Wasser

200 ml Sahne

❖ Zubereitung:

Putengulasch waschen, trocken tupfen und mit Öl in einem Topf scharf anbraten. Zwiebeln und Knoblauch schälen, Zwiebeln klein schneiden und Knoblauch pressen. Zwiebeln und Knoblauch zum Fleisch geben und mit braten. Tomatenmark kurz mit anrösten. Fleisch mit Salz, Pfeffer und Paprikapulver würzen. Alles zugedeckt kurz schmoren, wenn keine Flüssigkeit mehr vorhanden, dann mit kochendem Wasser aufgießen und für ca. 50 Minuten weiter schmoren lassen. Sahne unterrühren und nochmals mit Salz und Pfeffer abschmecken.

Schafskäse mit Auberginen

❖ Zutaten:

400 g Schafskäse (Feta)

3 Auberginen

4 EL Sonnenblumenöl

Pfeffer

3 EL frische Kräuter

❖ Zubereitung:

Kräuter waschen und klein schneiden. Auberginen entstielen, waschen, der Länge nach jeweils in drei Scheiben schneiden, anschließend mit Öl in einer Pfanne bräunlich braten.

Die Auberginenscheiben in eine mit Backpapier ausgelegte Auflaufform geben und mit Pfeffer und Kräutern würzen, danach mit zerbröckeltem Schafskäse bestreuen.

Im Backofen bei 170° Grad Umluft für ca. 20 Minuten backen.

Spinat mit Auberginen

❖ Zutaten:

3 Auberginen

4 EL Rapsöl

300 g Schafskäse (Feta)

450 g Rahmspinat, TK-Ware

3 Knoblauchzehen

Salz, Pfeffer, Oregano und Giros Gewürz

❖ Zubereitung:

Auberginen entstielen, waschen und zwei cm dicke Scheiben schneiden. Öl in einer Pfanne erhitzen und Auberginenscheiben darin bräunlich braten. Spinat in einem Topf geben, bei kleiner Hitze auftauen lassen und dabei gelegentlich umrühren. Knoblauch schälen, fein hacken oder pressen, unterrühren und mit Salz, Pfeffer, Oregano, Giros Gewürz würzen. Die fertigen Auberginenscheiben in eine Auflaufform geben, Spinat darauf verteilen und mit zerbröckeltem Feta bestreuen. Mit Pfeffer und Oregano nochmals würzen.

Bei 170 Grad Umluft für zirka 20 Minuten backen.

Hähnchenbrust mit Spinat und Schafskäse

❖ Zutaten:

300 g Blattspinat, TK-Ware

4 Hähnchenbrustfilets (à 200 g)

Salz und Pfeffer

2 EL Rapsöl

1 kleine Zwiebel

Muskatnuss

120 g Schafskäse (Feta)

❖ Zubereitung:

Spinat auftauen lassen. Hähnchenbrustfilets waschen, trocken tupfen und mit Salz und Pfeffer auf beiden Seiten würzen. 1 EL Öl in einer Pfanne erhitzen, Hähnchenfleisch darin von beiden Seiten kurz anbraten. Zwiebel schälen und würfeln. Das restliche Öl in der Pfanne erhitzen und die Zwiebelwürfel darin andünsten. Spinat dazu geben und darin kurz vor garen, vom Herd nehmen und mit Salz, Pfeffer und Muskatnuss würzen. Hähnchenbrustfilets in eine Auflaufform legen und den Spinat darauf verteilen. Schafskäse zerbröckeln und darüber streuen.

Bei 170 Grad Umluft für circa 25 Minuten backen. Vor dem Servieren kurz abkühlen lassen.

Sellerie-Cremesuppe mit Schinken

❖ Zutaten:

500 g Knollensellerie

2 EL Rapsöl

750 ml Gemüsebrühe

4 Scheiben roher, geräucherter Schinken

40 g Kürbiskerne

200 ml Milch

100 g Schlagsahne

Salz, Pfeffer und Muskatnuss

❖ Zubereitung:

Knollensellerie putzen, waschen und würfeln. Öl in einem Suppentopf erhitzen, Selleriewürfel darin anschwitzen, bis sie leicht gebräunt sind. Mit Brühe aufgießen und bei schwacher Hitze für circa 20 Minuten garen. Währenddessen Schinken würfeln und die Kürbiskerne hacken. Suppe vorsichtig pürieren. Milch und Sahne einrühren. Mit Salz, Pfeffer und Muskatnuss abschmecken.

Auf zwei Tellern anrichten und mit Schinken und Kürbiskernen bestreuen.

Low Carb Pizzaboden

❖ Zutaten:

500 g Quark, 20 %

4 Eier

200 g Mandeln, gemahlen

2 TL Johannisbrotkernmehl (pflanzliches Bindemittel)

1 Päckchen Backpulver

2 EL Pizzagewürz

Salz

Olivenöl zum Bepinseln

❖ Zubereitung:

Alle Zutaten miteinander vermengen. Die leicht flüssige Teichmasse auf ein Backblech mit Backpapier fließen lassen und gut verteilen. Mit Olivenöl bepinseln. Danach mit Gemüse, Schinken oder Fisch und Käse ihrer Wahl belegen.

Bei 160 Grad Umluft für ca. 25 Minuten backen.

Zucchini-Pizza

❖ Zutaten:

750 g Zucchini

2 EL Rapsöl

250 g passierte Tomaten

½ TL Salz

2 TL Pizzagewürz

1 EL Olivenöl

50 ml Sahne

250 g Mozzarella

❖ Zubereitung:

Zucchini vom Stielansatz befreien, waschen und in 2 cm Scheiben schneiden. Öl in einer Pfanne erhitzen und darin die Zucchinischeiben goldgelb braten. Danach in eine Auflaufform geben. Mozzarella in Scheiben schneiden. Passierte Tomaten mit Salz, Pizzagewürz, Olivenöl und Sahne verrühren. Pizzasoße auf die Zucchinischeiben verteilt gießen und mit Mozzarella Scheiben belegen.

Bei 180 Grad Umluft backen, bis der Mozzarella leicht angebräunt und zerlaufen ist.

Fischfilet mit Gemüse

❖ Zutaten:

600 g Fischfilet

200 g Sellerieknolle, 300 g Möhren

1 EL Rapsöl, 125 ml Gemüsebrühe

1 kleine Stange Porree, Salz

2 Tomaten, ½ kleiner Bund Schnittlauch

4 EL Schlagsahne

1 TL Johannisbrotkernmehl, (pflanzliches Bindemittel)

2 TL Meerrettich

Alufolie, Salz und Pfeffer

❖ Zubereitung:

Möhren und Sellerie schälen, waschen und in schmale Streifen schneiden. Öl in einem Bratentopf erhitzen, Möhren- und Selleriestreifen darin andünsten. Mit Gemüsebrühe aufgießen zugedeckt für ca. fünf Minuten dünsten. Währenddessen Lauch putzen, waschen, ebenfalls in Streifen schneiden und hinzufügen. Mit etwas Salz würzen. Tomaten mit heißem Wasser überbrühen, abziehen, entkernen und in Würfel schneiden. Schnittlauch waschen, trocken schütteln und in Röllchen schneiden. Die Hälfte der Tomaten und die Hälfte vom Schnittlauch zum Gemüse geben. Johannisbrotkernmehl unterrühren, danach die Sahne zugeben und kurz erhitzen. Meerrettich untermischen.

Fischfilet abspülen, trocken tupfen und in 2 Stücke schneiden. 2 große Stücke Alufolie ausbreiten und das Gemüse darauf verteilen. Mit den Fischfilets belegen und mit Salz und Pfeffer würzen. Die Alufolie schließen und die Päckchen auf einem Backblech im Backofen 15 Minuten bei 180 Grad Umluft im vorgeheizten Backofen garen. Die Päckchen kurz öffnen, mit den restlichen Tomaten und Schnittlauch bestreuen, wieder verschließen und servieren.

Kabeljau –Topf mit Schafskäse

❖ Zutaten:

600 g Kabeljau

1 kleine Zwiebel

2 Knoblauchzehen

2 EL Rapsöl

1 Dose Tomaten (400 g), stückig

Salz, Pfeffer, Majoran, Rosmarin

Olivenöl

Saft von ½ halben kleinen Zitrone

200 g Schafskäse (Feta)

50 g schwarze Oliven, entsteint

frisches Basilikum

❖ Zubereitung:

Zwiebeln und Knoblauch schälen, Zwiebel würfeln, Knoblauch fein hacken oder pressen. Zwiebeln und Knoblauch in 1 EL Öl glasig dünsten, Tomaten hinzufügen und köcheln lassen, bis die Masse leicht dickt. Gelegentlich umrühren. Mit den getrockneten Kräutern, Salz und Pfeffer würzen. Fischfilet abspülen, trocken tupfen und in circa 2 cm große Stücke schneiden. Mit Zitronensaft und Olivenöl beträufeln, danach in die leicht köchelnde Tomatenmasse geben. Schafskäse klein würfeln und darüber streuen. Das Gericht für weitere 10 Minuten garen. Währenddessen Basilikum waschen, trocken schütteln und hacken. Oliven ebenfalls hacken. Oliven und Basilikum zur Fischsoße geben und servieren.

Kräuter-Omelett mit Räucherlachs

❖ Zutaten:

400 g Salatgurke

Salz

1 Kästchen Gartenkresse

200 g Räucherlachs

3 Eier

Pfeffer

2 EL Mineralwasser

3 EL Kefir oder Milch

2 EL frisch gehackter Dill (oder TK-Ware)

3 EL Schnittlauchröllchen (oder TK-Ware)

2 EL Rapsöl

❖ Zubereitung:

Salatgurke gründlich waschen und mit Schale in Scheiben schneiden, auf Tellern flach auslegen und mit Salz bestreuen. Lachs würfeln. Kresse vom Beet abschneiden, waschen und trocken tupfen. Eier mit Salz, Pfeffer, Mineralwasser und Kefir verquirlen. Dill und Schnittlauch unterheben. Das Öl in einer Pfanne erhitzen, die Eiermasse hineingeben und darin bei schwacher Hitze zu einem Omelett stocken lassen. Mit Lachswürfeln und Kresse bestreuen. Zusammenklappen, halbieren und auf den Gurkenscheiben anrichten. Sofort servieren.

Omelett mit Tomaten

❖ Zutaten:

1 kleine Zwiebel

200 g Feta

2 getrocknete Tomaten

4 frische Tomaten

6 Eier

2 EL Mineralwasser

Salz und Pfeffer

2 EL Rapsöl

❖ Zubereitung:

Zwiebel schälen und würfeln. Feta zerbröckeln. Getrocknete Tomaten in sehr feine Streifen schneiden. Frische Tomaten waschen, halbieren, entkernen und fein würfeln. Eier mit Salz, Pfeffer und Mineralwasser verquirlen. Öl in einer Pfanne erhitzen und die Zwiebelwürfel darin goldgelb dünsten. Eiermasse zugießen, mit dem Feta und den Tomaten bestreuen und bei milder Hitze stocken lassen. Das Omelett halbieren und auf zwei Tellern anrichten.

Low Carb Salate

Möhrensalat mit Apfel

❖ Zutaten:

500 g Möhren

1 großer Apfel

Saft von einer ½ kleinen Zitrone

4 EL Olivenöl

1 EL Birkenzucker (Xylit)

❖ Zubereitung:

Möhren putzen, schälen und waschen. Apfel schälen, entkernen und mit den Möhren in eine Salatschüssel grob raspeln.

❖ Für die Salatsauce:

Zitronensaft, Olivenöl und Birkenzucker verrühren. Salatsauce über die geraspelten Möhren mit Äpfeln gießen, gut durchmischen und kurz ziehen lassen.

Möhrensalat mit Orangen

❖ Zutaten:

300 g Möhren

2 Orangen (eine für den Salat, eine für die Sauce)

Saft von einer ½ kleinen Zitrone

1 EL Birkenzucker (Xylit)

1 Msp. Kreuzkümmel (Cumin), gemahlen

1 Msp. Zimt, gemahlen

1 Prise Salz und Pfeffer

❖ Zubereitung:

Möhren putzen, schälen, waschen und in eine Schüssel raspeln. Eine Orange schälen, dabei die weiße Haut mit entfernen. Orange entkernen, in mundgerechte Stücke schneiden und unter den geraspelten Möhren mischen.

❖ Für die Salatsauce:

Restliche Orange und die Zitrone auspressen und den Saft mit Birkenzucker, Kreuzkümmel, Zimt, Salz und Pfeffer würzen. Die Salatsauce über die Möhrenraspel und Orangenwürfel gießen, alles gut durchmischen und abgedeckt für 30 Minuten im Kühlschrank ziehen lassen.

Hähnchenbrust mit Mandarinen

❖ Zutaten:

500 g fertig gebratene Hähnchenbrust

1 Dose Mandarinen, ohne Zucker (Saft auffangen)

4 hartgekochte Eier

1 kleine Dose Champignons

125 g Quark (40%)

2 EL Rapsöl

1 EL Essig

Salz, Pfeffer und Currypulver (englisch style)

❖ Zubereitung:

Die gebratene Hähnchenbrust in Stücke, die Eier in Scheiben schneiden. Die Champignons gut abtropfen lassen. Alles in eine Schüssel geben.

❖ Eine Dressing herstellen aus:

Quark, Öl, Essig, ein wenig Mandarinensaft und mit den Gewürzen verrühren. Dressing über den Salat gießen und gut untermischen.

Kräuter-Fleischsalat

❖ Zutaten:

6 Eier

400 g Geflügelfleischwurst

5 Gewürzgurken

5 EL Gewürzgurken-Sud

150 g Majonäse

Salz, Pfeffer

½ Packung 8 Kräuter, TK-Ware

❖ Zubereitung:

Eier hart kochen, pellen, in Scheiben schneiden. Geflügelfleischwurst, Gewürzgurken stückeln und in eine Salatschüssel geben. Majonäse mit Gewürzgurken-Sud mischen, salzen, pfeffern
und TK- Kräuter unterrühren. Alles miteinander vermengen und für
ca. eine Stunde im Kühlschrank ziehen lassen.

Käse-Gemüse-Salat

❖ Zutaten:

2 rote Paprikaschoten

2 gelbe Paprikaschoten

300 g Cocktail Tomaten

½ Bund Radieschen

150 g Schafskäse (Feta)

150 g Emmentaler, gerieben

100 g Geflügelfleischwurst

3 hartgekochte Eier

1 kleine Salatgurke

2 EL Crema Aceto Balsamico Essig

3 EL Olivenöl

Frische Kräuter, Salz und Pfeffer

❖ Zubereitung:

Paprikaschoten entstielen, entkernen, waschen und in Streifen schneiden. Tomaten waschen und halbieren. Radieschen putzen, waschen und in Scheiben schneiden.

Beide Käsesorten in kleine Stücke schneiden. Geflügelfleischwurst würfeln. Alles in eine Schüssel geben.

Aus den restlichen Zutaten ein Dressing herstellen, über die Zutaten gießen und vermengen. Gut durch ziehen lassen.

Low Carb Dressing, Saucen und Dips

Zitronendressing

❖ Zutaten:

200 g Naturjoghurt

2 EL Orangen Direktsaft

Saft von einer Zitrone

½ EL Rapsöl

½ TL Senf, mild

Salz und Pfeffer

1 TL Süßstoff (Streusüße)

❖ Zubereitung:

Alle Zutaten verrühren. Passt gut zu Blattsalaten.

Apfeldressing

❖ Zutaten:

2 EL Apfelessig

3 EL Apfelsaft

1 EL Rapsöl

3 EL Sahne

2 Frühlingszwiebeln

❖ Zubereitung:

Essig, Apfelsaft, Öl und Sahne verquirlen und mit Salz und Pfeffer abschmecken. Frühlingszwiebeln putzen, waschen und in Ringe schneiden. Passt zu Blattsalaten.

Balsamicodressing

❖ Zutaten:

2 EL Olivenöl

1 EL Crema Aceto Balsamico Essig

1 EL Zitronensaft

2 EL Wasser

1 TL Senf, mild

Salz und Pfeffer

❖ Zubereitung:

Alle Zutaten gut verquirlen und mit Salz und Pfeffer abschmecken. Passt zu Blattsalaten.

Honig-Senf-Soße

❖ Zutaten:

200 g Naturjoghurt

2 EL Zitronensaft

1 EL Ajvar (milde Paprikapaste)

1 TL Senf

3 EL Sahne

Salz, Pfeffer

Etwas Birkenzucker (Xylit)

❖ Zubereitung:

Joghurt, Zitronensaft, Ajvar und Senf verrühren. Sahne unterrühren, bis eine dickflüssige Soße entsteht. Mit Salz, Pfeffer und Birkenzucker abschmecken.

Tomatensauce

❖ Zutaten:

1 Möhre

1 kleine Zwiebel

2 Knoblauchzehen

250 g passierte Tomaten

1 EL Rapsöl

1 EL Tomatenmark

1 EL Zitronensaft

Salz, Pfeffer und etwas Birkenzucker (Xylit)

1 TL Oregano, gerebelt

100 ml Sahne

❖ Zubereitung:

Möhre waschen, schälen und raspeln. Zwiebel und Knoblauch glasig dünsten. Möhrenraspel und Tomatenmark zu geben und mitbraten. Passierte Tomaten zugeben, Zitronensaft zugeben, mit den Gewürzen und Birkenzucker abschmecken, danach mit Sahne aufgießen und alles für circa. 15 Minuten leicht köcheln lassen. Dabei gelegentlich umrühren.

Pikante Tomatensauce

❖ Zutaten:

1 rote Paprikaschote

300 g Tomaten

Wasser, heiß

1 kleine Zwiebel

1 rote Peperoni

2 Knoblauchzehen

1 EL Olivenöl

1 EL Weißweinessig

Etwas Birkenzucker (Xylit)

Salz

❖ Zubereitung:

Paprikaschoten entstielen, entkernen, waschen und fein würfeln. Tomaten mit heißem Wasser überbrühen, mit kaltem Wasser abschrecken, danach häuten und klein schneiden.

Zwiebel schälen und würfeln. Peperoni, entstielen, waschen und klein hacken. Knoblauchzehen schälen und fein hacken.

Öl in einem Topf erhitzen, Zwiebeln und Knoblauch darin glasig dünsten. Tomaten, Paprika und 2 EL Wasser zugeben, zugedeckt bei kleiner Hitze für ca. 25 Minuten einkochen. Mit Weißweinessig, Birkenzucker und Salz abschmecken. Auskühlen lassen.

Pikante Paprikasauce

❖ Zutaten:

3 EL Tomatenmark

1 große Glas Tomaten Paprikastreifen (Abtropfgewicht 260 g)

4 TL Sojasoße

1 EL Balsamico Essig

Etwas Birkenzucker (Xylit)

Salz, Pfeffer und Chilipulver

❖ Zubereitung:

Die Paprikastreifen, ohne den Sud aus dem Glas, mit Tomaten-mark, Sojasoße und Balsamico Essig in einem hohen Gefäß vermischen und pürieren. Mit den Gewürzen und Birkenzucker abschmecken. Auskühlen lassen.

Schnelle Pizzasauce für Low Carb Pizza

❖ Zutaten für 1 Blech:

3 TL Tomatenmark

250 g passierte Tomaten

Salz, Pfeffer und Pizzagewürz, trocken

❖ Zubereitung:

Tomatenmark und passierte Tomaten mit den Gewürzen verrühren.

Joghurtdip, pikant

❖ Zutaten:

150 g Naturjoghurt

1 EL Schmand

2 EL Schlagsahne

2 EL Ketschup

Paprikapulver, edelsüß

Cayennepfeffer

Salz

❖ Zubereitung:

Joghurt, Schmand, Sahne und Ketschup verrühren. Mit den Gewürzen abschmecken. Passt zu den Gemüsesorten: Gurke, Möhren, Paprika, Kohlrabi und Radieschen.

Thunfischdip

❖ Zutaten:

3 EL Schnittlauch

1 Dose Thunfisch im eigenen Saft

100 g Frischkäse mit Kräutern

1 EL Zitronensaft

1 TL Streusüße

Salz und Pfeffer

❖ Zubereitung:

Schnittlauch waschen, trocken schütteln und grob hacken. Thunfisch mit der Flüssigkeit, Zitronensaft, Streusüße und Schnittlauch fein pürieren. Mit Salz und Pfeffer würzen.

Avocadodip

❖   Zutaten:

4 Eier, hart gekocht

1 Knoblauchzehe

1 kleine Zwiebel

1 Bund Petersilie

1 Limette

2 Avocados, reif

200 g Naturjoghurt

Salz und Pfeffer

❖   Zubereitung:

Eier pellen, Zwiebel und Knoblauch schälen und alles klein schneiden. Petersilie waschen, trocken schütteln und hacken. Limette auspressen und den Saft auffangen. Die Avocado öffnen, Kern entfernen, das Fruchtfleisch mit dem Limettensaft, Joghurt und Petersilie fein pürieren. Eier, Zwiebel und Knoblauch untermischen. Mit Salz und Pfeffer würzen.

Kräuterquarkdip

❖ Zutaten:

250 g Magerquark

100 ml Sahne

1 EL Zitronensaft

1 kleines Bund gemischte Kräuter

½ Kästchen Kresse

Salz und Pfeffer

❖ Zubereitung:

Quark mit Sahne und dem Zitronensaft verrühren. Kräuter waschen, trocken schütteln, klein hacken und zum Quark geben. Mit Salz und Pfeffer würzen.

Low Carb Nachspeisen

Mocca-Quarkspeise

❖ Zutaten:

4 EL Wasser

4 TL löslichen Kaffee (Instant)

500 g Quark (40%)

100 g Sahne

Etwas Birkenzucker (Xylit)

❖ Zubereitung:

Wasser zum Kochen bringen, danach in eine Schüssel gießen und den Kaffee darin gut auflösen und verrühren. Anschließend die restlichen Zutaten untermengen und mit Birkenzucker abschmecken.

Schoko-Quarkspeise

❖ Zutaten:

4 Eiweiß

500 g Quark (40%)

20 g Kakao (ohne Zucker)

2 ELSahne

Etwas Birkenzucker (Xylit)

❖ Zubereitung:

Eiweiß in einem hohen Gefäß mit einem Mixer steif schlagen. Quark zusammen mit der Sahne, Kakao und Birkenzucker in eine Schüssel geben und gut verrühren. Das steifgeschlagene Eiweiß vorsichtig unter die Quarkmischung heben und danach für ca. eine Stunde in den Kühlschrank stellen.

Cappuccino-Crème

❖ Zutaten:

250 g Mascarpone

120 g Quark (40%)

Etwas Birkenzucker (Xylit)

10 g Cappuccino-Pulver

100 g Sahne

2 TL Kakaopulver (ohne Zucker)

❖ Zubereitung:

Mascarpone, Quark, Birkenzucker und Cappuccino-Pulver in eine Schüssel geben und alles miteinander so vermengen, bis eine gebundene Masse entsteht. Sahne in einem hohen Gefäß mit einem Mixer steif schlagen und zu der Cappuccino-Masse geben. Cappuccino-Creme in kleine Schälchen füllen und im Kühlschrank kalt stellen. Vor dem Servieren dünn mit dem Kakaopulver betreuen.

Das Backen

Beim Backen handelt es sich immer um Ober- und Unterhitze (Backofen).

Xylit

Xylit besitzt die gleiche Süßkraft wie der herkömmliche Haushaltszucker.

Der Zuckerersatzstoff verstoffwechselt weniger Insulin im Körper und wird aus diesem Grunde oft in Produkten für Diabetiker verwendet.

Zum Beispiel: Während ein Gramm Saccharose zirka 4 Kalorien enthält, sind es bei Xylit nur 2,4 Kalorien pro Gramm.

Er ist auch bekannt unter den Namen "Birkenzucker oder Xylitol" und schmeckt genauso süß wie normaler Zucker. Auch hat er eine ähnliche Konsistenz.

Er gehört (chemisch betrachtet) nicht zu den Kohlenhydraten (KH), sondern zu den Zuckeralkoholen (E 967).

Eiweißpulver als Mehlersatz (Proteinpulver)

In vielen Rezepten „mit Eiweißpulver" wird ein Proteinpulver mit wenig KH (Kohlenhydrate) verwendet.

Bei kohlenhydratarmer Ernährung (Low Carb) achtet man auf die KH. Die KH sind von Firma zu Firma verschieden (0,5 KH auf 100 g – 2,8 KH auf 100 g).

Das Eiweißpulver wird von Sportlern „eigentlich" für den Muskelaufbau benutzt. Es eignet sich auch zum Backen und Kochen in einer kohlenhydratarmen Ernährung.

Man bekommt dieses Pulver in allen möglichen Geschmacksrichtungen (auch mit neutralem Geschmack). Kaufen kann man es in Sportgeschäften, Bodybuildershops, großen Supermärkten und Reformhäuser. Wer mehr Infos über Eiweißpulver erfahren möchte, gibt dieses Wort einfach als Suchfunktionswort ein.

Buchdaten:
Die sanfte Umstellung auf Low Carb
Für Einsteiger - Theorie und Praxis
Mit 108 Rezepten
Autorin: Jutta Schütz
Verlag: Books on Demand
ISBN-13: 9783752849141
(Paperback) 212 Seiten
Auch als E-Book erhältlich
ISBN-13: 9783752883091
Erscheinungsdatum: 30.04.2018
Sprache: Deutsch

Das neue Buch "Die sanfte Umstellung auf Low Carb" ist für Neulinge und Einsteiger genau richtig. Neben Theorie und Praxis gibt es noch 108 kohlenhydratarme Rezepte.

Eine sanfte Umstellung auf Low Carb

Umstellung auf eine kohlenhydratarme Ernährung

Die kohlenhydratarme Ernährungsform "Low Carb" ist ein dehnbarer Begriff und Sie sollten selbst entscheiden, wie viele Kohlenhydrate Sie aufnehmen möchten. Nutzen Sie für Ihre Ernährung gute Kohlenhydrate.

Gute Kohlenhydrate stecken in:

- Gemüse

- Salat

- Obst

- Nüssen

- Milchprodukten

- Vollkorn

Meiden Sie raffinierten Zucker, Mehlspeisen, Reis, Kartoffeln und zuckerhaltige Getränke. Zum Anfang würde ich einen Richtwert von zirka 100 g Kohlenhydraten pro Tag veranschlagen.

Wie Ihre Kohlenhydratbilanz aussehen soll, müssen Sie selbst entscheiden.

Betrachten Sie diese Kohlenhydrate- (KH) Angaben als Richtlinie und nicht als Regel. Bei jeder Low Carb Methode ist es unmöglich die exakte Menge an KH zu errechnen, auch die Spezialisten können das nicht.

Wenn Sie dieses Buch gekauft haben, und es Ihnen nur ums abzunehmen geht, dann sollten Sie nach einer gewissen Zeit (ab 2 Wochen zirka) die KH auf zirka 35 bis 50 KH pro Tag reduzieren. Jeder Körper hat einen anderen Stoffwechsel. Probieren Sie einfach aus, wie viele KH Sie essen dürfen, um immer noch abzunehmen.

Wenn Sie Diabetiker (Typ 2) sind und Sie möchten Ihren Blutzuckerspiegel reduzieren, dann essen Sie pro Tag 60 – 90 KH. Bitte besprechen Sie sich mit Ihrem Arzt, auch wenn er von Low Carb nichts hält.

Als Patient sind Sie nicht entmündigt. Sie haben das Recht, selbst zu entscheiden. Sie können sich auch mit Ihrer Krankenkasse besprechen.

Haben Sie aber einen Arzt, der mit Ihnen diesen Low Carb Weg gehen möchte, dann wird er Ihren Zuckerspiegel regelmäßig kontrollieren.

Buchdaten:
LOW CARB für Senioren -
Kohlenhydratarme Ernährung
Autorin: Jutta Schütz
Verlag: Books on Demand
ISBN-13: 9783752877427
Paperback - 56 Seiten
Erscheinungsdatum: 28.05.2018
Sprache: Deutsch
Auch als E-Book erhältlich.

Vitalität und Wohlbefinden sind wesentliche Voraussetzungen für gute Lebensqualität bis ins hohe Alter und eine gesundheitsbewusste Lebensführung zögert die Alterungsvorgänge hinaus.

Weitere Low Carb Bücher finden Sie auf der Webseite der Autorin.

https://www.jutta-schuetz-autorin.de/